한국을 빛낸 **100명**의 위인들

CQ 놀이북
한국을 빛낸 100명의 위인들 (개정판)

초판 2015년 9월 8일 1쇄 발행
개정판 2025년 10월 31일 18쇄 발행

글 양은환
그림 수아
펴낸곳 M&K
펴낸이 구모니카
마케팅 신진섭
등록 제7-292호 2005년 1월 13일
주소 경기도 고양시 일산서구 고양대로 255번길 45, 903동 1503호(대화동, 대화마을)
전화 02-323-4610
팩스 0303-3130-4610
E-mail sjs4948@hanmail.net
Tistory htts://mnkids.tistory.com

ISBN 979-11-87153-86-3 73910

이 도서의 국립중앙도서관 출판예정도서목록(CIP)은 서지정보유통지원시스템 홈페이지(http://seoji.nl.go.kr)와 국가자료종합목록 구축시스템(http://kolis-net.nl.go.kr)에서이용하실 수 있습니다. (CIP제어번호 : CIP2020044005)

※ 출처 서울역사박물관(https://museum.seoul.go.kr)
　　　문화재청(www.cha.go.kr)
　　　한국음악저작권협회 'KOMCA 승인필'

작가의 말

　어린이 여러분, 《한국을 빛낸 100명의 위인들》이라는 노래를 알고 있나요? 우리 민족의 오랜 역사를 한눈에 훑어볼 수 있는 멋진 노래죠? 어린이집에 다니는 친구들도 다들 배웠다고 하니, 아마 이 책을 읽는 친구들도 책 제목을 보자마자 신나게 노래부터 흥얼거릴 거라 생각해요.

　자, 이제 책을 펼쳐 볼까요? 《한국을 빛낸 100명의 위인들》에는 한반도에 최초로 나라를 건국한 단군 할아버지부터 시작해서 고구려를 세운 동명왕, 알에서 태어난 신라의 박혁거세, 백제를 세운 온조왕, 임진왜란 때 왜군을 무찌른 영웅 이순신, 일제 강점기 이 땅의 독립을 위해 싸운 독립운동가 안중근, 3·1 만세 운동의 유관순, 〈별 헤는 밤〉의 윤동주 등 우리나라의 역사를 빛낸 수많은 위인들을 만나볼 수 있어요.

　"역사를 잊은 민족에게 미래는 없다."라는 말이 있어요. 과거의 역사를 지나간 일이라고 잊을 게 아니라 좋은 일은 계승하고, 잘못된 일은 반성하여 다시 반복하지 않아야 나라와 민족의 미래가 밝다는 이야기예요.

　우리 역사를 살펴보면 좋았던 시절도 있고, 힘들었던 시절도 있었어요.

또 나라를 위해 목숨을 바친 영웅도 있고, 뛰어난 학자, 예술가도 있지만, 나라를 위기에 빠뜨린 사람도 있었어요. 나쁜 일은 쏙 빼고 좋은 것만 기록한다면 올바른 역사 기록이 아니에요. 영광스러운 순간도, 그렇지 않은 순간도 역사라는 거대한 시간의 탑에 그대로 기록하여 후손들에게 전해야 하죠.

《한국을 빛낸 100명의 위인들》 목록에 이완용처럼 나라를 팔아먹은 사람이 실려 있는 것도, 다시는 그와 같은 잘못을 하지 말자는 뜻이 담겨 있어요.

자, 이제 《한국을 빛낸 100명의 위인들》을 펼쳐 보세요. 전 세계 그 어느 민족보다 우수한 DNA를 가진 우리 민족의 지혜와 용기를 어린이 여러분도 본받아 우리 역사를 빛내는 멋진 주인공이 되길 바랍니다.

양은환

★작가의 말

1 … 홍익인간 단군왕검 ••• 16
2 … 고구려 세운 동명왕 ••• 18
3 … 백제 세운 온조왕 ••• 20
4 … 알에서 나온 박혁거세 ••• 22
5 … 만주벌판 달려라 광개토대왕 ••• 24
6 … 영리한 신라 장군 이사부 ••• 26
7 … 거문고의 신 백결 선생 ••• 28
8 … 백제의 마지막 왕 의자왕 ••• 30
9 … 황산벌의 백제 장군 계백 ••• 32
10 … 죽음을 겁내지 않은 관창 ••• 34

11 … 말 목 자른 김유신 · · · 36

12 … 삼국 통일 문무왕 · · · 38

13 … 해골 물을 마신 원효 대사 · · · 40

14 … 천축국에 간 혜초 · · · 42

15 … 바다의 왕자 장보고 · · · 44

16 … 발해를 세운 대조영 · · · 46

★우리나라 유네스코 세계유산

17 … 귀주대첩 강감찬 · · · 50

18 … 담판 외교 서희 · · · 52

19 … 무단정치 정중부 · · · 54

20 … 화포 발명 최무선 · · · 56

21~27 … 일곱 선비 죽림칠현 · · · 58

28 … 삼국사기 김부식 · · · 60

29, 30 … 조계종의 지눌, 천태종의 의천···62

31 … 대마도 정벌 이종무···64

32 … 일편단심 정몽주···66

33 … 목화씨 문익점···68

34 … 해동공자 최충···70

35 … 삼국유사 일연···72

36 … 황금 욕심 없는 최영 장군···74

★이야기 속 줄을 따라가 보세요.

37 … 온화하고 겸손한 황희 정승···78

38 … 청백리 맹사성···80

39 … 조선의 발명가 장영실···82

40, 41 … 단종 몰아낸 신숙주, 한명회···84

42 … 십만양병 율곡···86

43 ⋯ 성리학자 **퇴계** ⋯ **88**

44 ⋯ 오죽헌의 **신사임당** ⋯ **90**

45, 46 ⋯ 의병 대장 **곽재우**와 **조헌** ⋯ **92**

47 ⋯ 진주대첩 **김시민** ⋯ **94**

48 ⋯ 백전백승 **이순신** ⋯ **96**

49~55 ⋯ 새 나라를 연 조선의 임금들 **태정태세문단세** ⋯ **98**

56~67 ⋯ 의리 지킨 **사육신**과 **생육신** ⋯ **100**

68 ⋯ 의로운 여인 **논개** ⋯ **102**

69 ⋯ 행주대첩 **권율** ⋯ **104**

70 ⋯ 동에 번쩍 서에 번쩍 **홍길동** ⋯ **106**

71 ⋯ 의적 **임꺽정** ⋯ **108**

★조선 시대 한양 사대문

72~74 ⋯ 꿋꿋한 마음 **삼학사** ⋯ **112**

75 … 어사 박문수···114

76 … 삼 년 공부 한석봉···116

77 … 풍속화가 단원 김홍도···118

78 … 방랑 시인 김삿갓···120

79 … 대동여지도 김정호···122

80 … 신문고 해결사 영조···124

81 … 규장각 지은 정조···126

82 … 목민심서 정약용···128

83 … 녹두 장군 전봉준···130

84 … 순교자 김대건···132

85 … 서화가무 황진이···134

86 … 못 살겠다 홍경래···136

★조선 시대의 5대 궁궐

87 … 삼일천하 갑신정변 김옥균 · · · 140

88, 89 … 애국자 안중근, 매국노 이완용 · · · 142

90 … 별 헤는 밤 윤동주 · · · 144

91 … 종두법 지석영 · · · 146

92 … 민족 대표 33인 손병희 · · · 148

93 … 삼일 만세 운동 유관순 · · · 150

94 … 도산 안창호 · · · 152

95 … 어린이날 방정환 · · · 154

96, 97 … 돈이냐 사랑이냐 이수일과 심순애 · · · 156

98 … 장군의 아들 김두한 · · · 158

99 … 천재 시인 이상 · · · 160

100 … 황소 그림 이중섭 · · · 162

★부록

① 홍익인간 단군왕검

시대 고조선 | **출생-사망** ?~?년
업적 널리 세상을 이롭게 한다는 홍익인간의 정신으로 우리나라 최초의 국가 고조선을 세움

이건 아주 오랜 옛날 일이야. 하루는 곰과 호랑이가
하늘나라 천제의 아들인 환웅을 찾아와 빌었어.
"환웅님, 우리도 사람이 되고 싶습니다. 사람이 되게 해 주세요."
"동굴 속에서 쑥과 마늘을 100일 동안 먹고 견디면 사람이 될 수
있을 게다. 그럴 수 있겠느냐?"
환웅의 말에 곰과 호랑이는 견딜 수 있다고 자신했지.
하지만 호랑이는 100일을 못 채우고 동굴을 뛰쳐나가고 말았어.
곰은 어떻게 됐냐고? 곰은 100일을 참고 견뎌 사람이 되었어.
여자가 된 곰은 '웅녀'라는 이름도 얻었고,
환웅과 혼인해 아이도 낳았어.
그 아이가 자라 이 땅에 고조선을 세운 단군왕검이 되었단다.

② 고구려 세운 동명왕

시대 고구려 | **출생-사망** 기원전 58~19년
업적 동부여의 왕자로 태어나서 졸본에 고구려를 세움

어느 날, 동부여의 왕인 금와왕이 행차를 가던 길에
슬피 울고 있는 유화를 만났어.
"저는 물의 신 하백의 딸인데, 하늘에서 내려온 해모수와
사랑에 빠져 아버지에게 쫓겨났답니다."
금와왕은 유화를 불쌍히 여겨 궁으로 데려갔지.
얼마 뒤 유화는 알을 낳았는데, 알에서 태어난 아이가 바로 주몽이야.
동부여의 왕자로 자란 주몽은 어려서부터 활을 무척 잘 쏘았어.
"우아! 백발백중이야. 쏘기만 하면 명중이네."
하지만 그 때문에 형들의 시샘을 받아 졸본 땅으로 옮겨 가 나라를
세웠지.
그 나라가 바로 고구려고, 고구려를 세운 동명왕이 주몽이란다.

3 백제 세운 온조왕

시대 백제 | **출생-사망** ?~28년
업적 동명왕의 아들이며 한강 근처에 백제를 세움

고구려의 왕자 온조는 아버지 동명왕처럼 멋진 왕이 되고 싶었어.
어머니 소서노는 온조가 고구려의 왕이 되길 바랐지만,
온조는 생각이 달랐어.
"아버지에게 기대지 않고 나도 새 나라를 세울 거야."
온조는 형 비류와 남쪽으로 내려왔어. 비류는 바다 근처 미추홀에
터를 잡고, 온조는 한강 근처에 터를 잡았어.
"강이 가까워 농사가 아주 잘 되겠구나."
온조는 흡족해하며 터를 잡은 곳에 위례성을 쌓았어.
그리고 자기를 따르는 백성들이 즐겁게 따라왔다고 하여
나라 이름을 '백제'라고 지었단다.

4 알에서 나온 박혁거세

시대 신라 | **출생-사망** 기원전 69년~기원후 4년
업적 삼국 중 역사가 가장 오래된 신라의 첫 번째 왕

신라가 세워지기 전 경주에는 여섯 마을이 있었어.
"덕스러운 사람을 왕으로 세우고 나라를 세웁시다."
여섯 마을의 촌장들은 높은 산에 올라 왕을 찾았어.
"저쪽이다."
그런데 남쪽 우물가가 유난히 환하게 빛나지 뭐야. 촌장들이
우물로 달려가니 흰 말이 절을 하고 하늘로 올라갔어.
흰 말이 있던 곳에는 커다란 알이 놓여 있었고 말이야.
알에서는 건강한 사내아이가 태어났어.
아이의 이름은 박혁거세야.
세상을 밝게 하라는 뜻이지. 박혁거세는
신라의 첫 번째 왕이 되었단다.

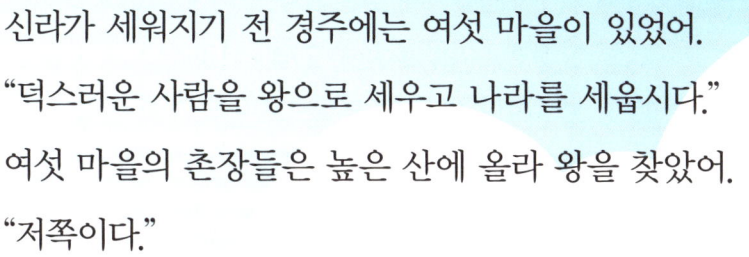

5 만주벌판 달려라 광개토 대왕

시대 고구려 | **출생-사망** 374~413년
업적 고구려의 19대 왕. 북쪽으로 만주와 요동 땅, 남쪽으로 한강 이북 땅까지 영토를 넓힘

내가 땅따먹기 대장이다!

고구려는 광개토대왕 때 나라 힘이 가장 컸어.
남쪽으로는 백제의 항복을 받아 내고,
북쪽으로는 만주와 요동 땅까지 정복했어.
"모두 나를 따르라!"
정복왕 광개토대왕이 가는 곳이면,
고구려 군사들도 깃발을 휘날리며 두려움 없이 달려갔어.
주변 나라들도 광개토대왕 이름만 들어도 벌벌 떨었지.
아들 장수왕은 광개토대왕의 훌륭한 업적을 기리기 위해
높이 6미터가 넘는 광개토대왕릉비를 세웠단다.

6 영리한 신라 장군 이사부

시대 신라 | **출생-사망** ?~?년
업적 나무로 만든 사자로 겁을 주어 우산국을 점령함

'용맹하고 지혜롭기는 이사부 장군만 한 사람이 없지.'
신라의 왕 지증왕은 이사부 장군을 불러
우산국을 정벌하라고 명령을 내렸어.
당시 울릉도는 우산국이라는 작은 섬나라였어.
'우산국 사람들이 굉장히 억세고 용맹하다던데 어떻게 할까?'
이사부 장군은 꾀를 냈어.
"나무로 사자 인형 수십 개를 만들어 배에 실어라."
그리고 우산국 해안에서 크게 소리쳤지.
"항복하지 않으면 이 사자들을 우산국에 풀겠다!"
우산국 사람들은 깜짝 놀라 벌벌 떨며 항복을 했단다.

7 거문고의 신 백결 선생

시대 신라 | **출생-사망** 414년~?
업적 가난했지만 뛰어난 연주 실력을 자랑한 신라의 거문고 연주자

"여보, 집에 쌀 한 톨이 없어요."
백결 선생의 아내가 한숨을 푹 내쉬며 말했어.
백결 선생은 신라에서 가장 유명한 거문고 연주자였어.
하지만 집이 너무 가난해 옷을 백 번이나 기워 입을 정도였지.
그래서 별명도 백결 선생이었잖아.
"둥기덕둥덕, 둥기덕둥덕!"
백결 선생이 아내를 위로하려고 거문고를 연주했어.
"아유, 백결 선생네 집에서 오늘은 떡을 해 먹는 모양이네."
진짜 떡방아 소리 같아서 이웃 사람들이 들여다볼 정도였지.

8 백제의 마지막 왕 의자왕

시대 백제 | ★**재위** 641~660년
업적 왕이 되어 나라를 개혁하고 영토를 넓혔지만 나당 연합군을 막지 못해 멸망함

백제의 마지막 왕인 의자왕은 왕이 되기 전부터
효성이 깊고 형제들과 사이가 좋았어.
"백성들이 편하려면 먼저 백제가 강한 나라가 되어야 해!"
의자왕은 고구려와 힘을 합쳐 곧바로 신라를 공격했어.
전쟁에서 이기자 영토가 넓어지고 나라의 힘도 강해졌어.
"백제를 가만두면 안 되겠어."
신라는 백제를 공격하기 위해 당나라와 힘을 합쳤어.
결국 전쟁에 진 백제는 멸망하게 되었고,
의자왕도 비참한 죽음을 맞게 되었어.
이때 백제의 삼천 궁녀들이
절벽에서 뛰어내려 목숨을 끊었대.

★**재위** 임금의 자리에 있음

9 황산벌의 백제 장군 계백

시대 백제 | **출생-사망** ?~660년
업적 백제 말에 나당 연합군에 맞서 싸우다 황산벌에서 전사함

신라와 당나라 연합군이 백제에 쳐들어오자
백제 의자왕이 계백 장군을 다급히 불러 명령을 내렸어.
"백제의 운명이 달려 있으니 기필코 싸워 이겨라."
계백 장군은 5천 명의 결사대를 이끌고 황산벌로 달려갔어.
그런데 적군은 5만 명이나 되었어.
"한 발도 물러서지 마라! 죽기를 각오하고 싸워라!"
계백 장군과 결사대는 죽음을 두려워하지 않고 맞서 싸웠어.
열 배나 되는 적군과 맞서 네 번이나 싸워 네 번 이겼을 정도야.
하지만 오래 버티지는 못하고 결국 황산벌에서
계백 장군은 장렬히 전사하고 말았단다.

⑩ 죽음을 겁내지 않은 관창

시대 신라 | **출생-사망** 645~660년
업적 신라의 화랑으로 황산벌에서 목숨을 바쳐 전투를 승리로 이끎

황산벌에서 신라군이 계속 패하자 ★화랑 관창이 나섰어.
"제가 백제 계백 장군의 목을 가져오겠습니다."
관창은 말을 타고 용감하게 백제군의 진지로 돌진했지만

계백 나오거라!

계백 장군과 제대로 싸워 보지도 못하고 포로가 되고 말았지.
"죽이기엔 아직 너무 어리구나."
계백 장군은 관창의 앳된 얼굴을 보고 다시 돌려보냈어.
하지만 관창은 포기하지 않고 적진으로 계속 돌진했고,
결국, 의로운 죽음을 맞이했단다.
신라군은 관창의 용맹한 죽음에 다시 사기가 올라
황산벌 전투에서 결국 승리를 거머쥐게 되었지.

★화랑 신라 때 만든 청소년 수양 단체.
　　　귀족 집안의 자녀들을 뽑아 학문과 무예를 가르침.

⑪ 말 목 자른 김유신

시대 신라 | **출생-사망** 595~673년
업적 신라가 삼국을 통일하는 데 중요한 공을 세움

"유신아, 무예를 닦는 데 더 집중하여라."

김유신은 어머니의 조용한 꾸지람에 정신을 번쩍 차리고 약속했어.

"어머니, 죄송합니다. 마음을 다잡고 무예를 열심히 닦겠습니다."

그러던 어느 날, 집에 오던 김유신이 말 위에서 깜빡 잠이 들었는데 말이 김유신을 자주 가던 술집 앞으로 데려가지 않았겠어!

"네가 이다음에도 나를 이곳으로 데려오겠구나."

김유신은 매우 슬퍼하며 아끼는 말의 목을 베어 버렸어.

그만큼 마음을 굳게 다잡고 싶었던 거지.

그날 이후로 김유신은 무예를 더욱 열심히 닦아 훗날 삼국을 통일시키는 데 큰 공을 세웠단다.

12 삼국 통일 문무왕

시대 신라 | **출생-사망** 626~681년
업적 삼국을 통일함

백제에 이어 고구려까지 정벌한 신라는 문무왕 때 드디어 삼국을
통일했어. 이때 신라는 당나라군의 도움을 받은 탓에
대동강을 경계로 북쪽 땅을 당나라에 주기로 약속했지.
하지만 당나라의 욕심은 끝이 없었어. 우리 땅 전부를 넘본 거야.
"약속을 어기다니, 용서할 수 없다. 당나라군을 완전히 몰아내라."
문무왕은 당나라와 전쟁을 벌이기로 결심했어.
치열한 전쟁이 시작되었지만, 용맹한 신라의 장수들 덕분에
결국 우리 땅에서 당나라군을 완전히 내쫓았어.

⑬ 해골 물을 마신 원효 대사

시대 신라 | **출생-사망** 617~686년
업적 신라의 승려로 불교의 가르침을 백성들에게 널리 알림

이런! 해골 물을 먹다니!

원효 대사가 불법(불교)을 공부하러 당나라로 유학 갈 때 이야기야.
길을 가다 밤이 되자 원효는 무덤가에서 하룻밤을 자기로 했지.
"왜 이렇게 목이 마르지?"
밤중에 깬 원효는 어둠 속을 더듬거리다 바가지 안에 담긴 물을 벌컥벌컥 시원하게 마셨어.
"아니, 이게 뭐야!" 아침에 일어난 원효는 깜짝 놀랐어.
지난밤 달게 마신 물이 해골 안에 든 썩은 물이었거든.
그 순간 원효는 큰 깨달음을 얻었어.
"썩은 물은 똑같은데, 어제는 달고 오늘은 그렇지 않다니!
결국 행복도 불행도 모두 마음에 달린 것이로구나."
원효는 그길로 신라로 돌아와 백성들에게 깨달음을 전했단다.

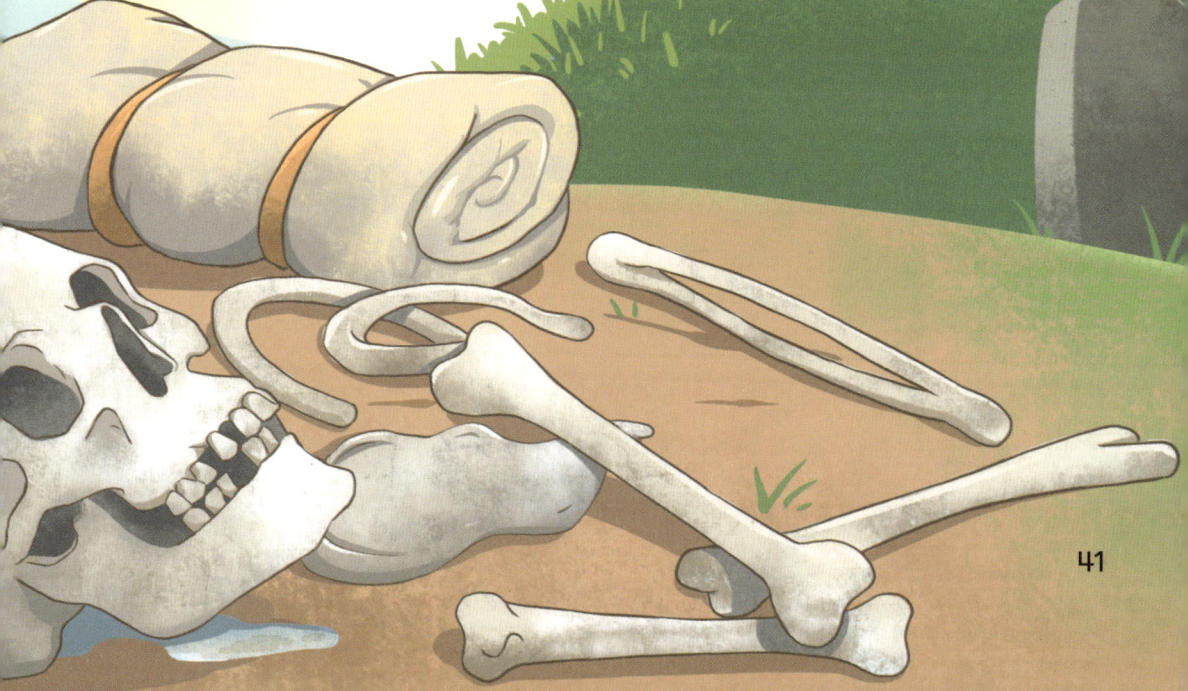

14 천축국에 간 혜초

시대 신라 | **출생-사망** 704~787년
업적 인도를 여행하고 돌아와 《왕오천축국전》을 씀

'부처님이 태어난 천축국에 직접 가 보자.'
신라의 승려였던 혜초는 부처님이 태어난 천축국과
그 주변 나라를 4년이나 꼬박 여행하고 돌아왔어.
천축국은 지금의 인도야. 비행기도 없던 시대에
그 멀리까지 다녀왔다는 게 놀랍지 않니?
신라로 돌아온 혜초는 여행 동안 보고 들은 것을 책으로 썼어.
그 책이 바로 《왕오천축국전》이란다.
'왕(往)'은 다녀왔다는 뜻이고,
'오천축국'은 인도와 주변 나라를 뜻해.

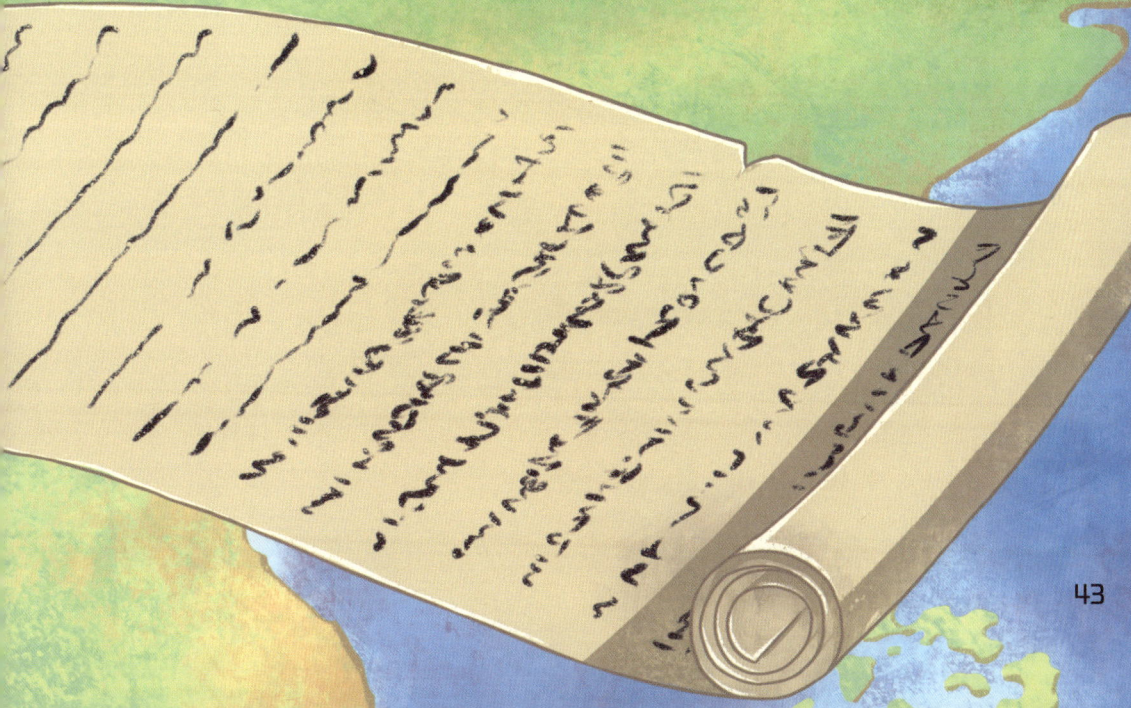

⑮ 바다의 왕자 장보고

시대 신라 | **출생-사망** 780년대 후반~846년
업적 지금의 완도에 청해진을 세워 해상 무역을 장악함

내가 바다 지킴이 해상왕이다!

당나라에서 벼슬에 올라 잘살던 장보고는
해적에게 노예로 끌려온 신라 사람들을 보고 참을 수 없었어.
"내 나라 백성이 이곳까지 끌려오는 건 바다를 지킬 사람이 없어서야."
장보고는 신라로 돌아와 당장 왕을 찾아갔어.
"군대를 주시면 해적들이 우리 바다를 넘보지 못하게 하겠습니다."
왕이 허락하자 장보고는 완도에 청해진을 세우고
우리 바다에서 해적들을 모조리 쫓아냈지.
그리고 청해진을 당나라와 일본을 오가는 무역의 중심지로 만들었어.
사람들은 바다 지킴이 장보고를 '바다의 왕자',
'해상왕'이라고 불렀단다.

⑯ 발해를 세운 대조영

시대 발해 | **출생-사망** ?~719년
업적 옛 고구려 땅에 발해를 세움

고구려가 멸망한 후, 대동강 북쪽 땅은 당나라의 지배를 받았어.
"우리 힘을 합쳐 고구려를 다시 일으킵시다."
고구려인들은 가만히 있지 않았어. 고구려 부흥 운동을 일으켰지.
그중에서도 고구려 장군의 아들인 대조영은 결의에 차 있었어.
"고구려인들이 호락호락하지 않다는 걸 보여 주마."
대조영은 당나라의 대군을 무찌르고
옛 고구려 땅 동모산 근처에 발해를 세웠단다.
발해의 땅은 거의 한반도만큼이나 넓었고,
*해동성국이라 불리며 200년이 넘도록 굳건했어.

★**해동성국** 바다 동쪽의 강한 나라

우리나라 유네스코 세계유산

유네스코는 교육, 과학, 문화 분야에서 국제 규범을 제정하고, 지식과 정보를 전 세계에 보급하며, 세계 유산을 보호하고 문화를 발전시키는 등의 역할을 해 오고 있어요.

유네스코에 등재된 우리나라의 자랑스러운 유산에는 어떠한 것이 있을까요? (세계기록 유산 등록일)

훈민정음 해례본 (1997년 10월 지정)

세종대왕이 작성한 《훈민정음》의 원본으로 세종대왕이 창제한 글자인 '훈민정음'의 제자원리와 운용법 등을 설명한 한문 해설서입니다.

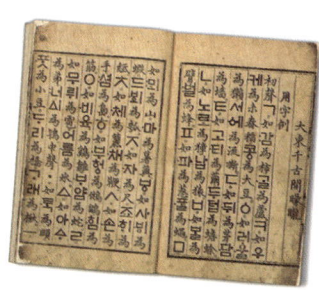

국보 제70호

조선왕조실록 (1997년 10월 지정)

《조선왕조실록》은 조선 태조~철종까지 25대 472년간의 역사를 기록한 세계적으로 그 유례가 없는 귀중한 역사 기록물입니다.

국보 제151호

난중일기 (2013년 6월 지정)

조선 시대 명장 이순신 장군이 임진왜란 중에 작성한 일지입니다.

국보 제76호

고려대장경 경판 (2007년 6월 지정)

1236년 몽골이 침입하자 *불력으로 물리치고자 《고려대장경》을 15년 만에 완성하고 8만여 개의 경판 안팎에 모두 글자를 새겨 16만여 쪽을 이룬다고 해서 '팔만대장경'으로도 불리기도 합니다.

*불력 부처의 가르침대로 행하고 마음을 닦아 얻은 힘

국보 제32호

이거 말고도 많이 있어요!

17 귀주대첩 강감찬

시대 고려 | **출생-사망** 948~1031년
업적 거란군이 쳐들어오자 귀주에서 크게 무찔러 승리함

거란의 소배압이 10만 대군을 이끌고 쳐들어왔을 때 이야기야.
"길목을 지키고 있다가 공격하자."
강감찬 장군은 1만 2천 명의 정예군을 이끌고 흥화진으로 달려갔어.
그리고 소가죽으로 강물을 막고 있다가 거란군이 지나갈 때 막았던 물을 한꺼번에 흘려냈어. "으악, 사람 살려!"
거란군은 제대로 싸워 보지도 못하고 패하고 말았지.
1년 후 거란군이 다시 쳐들어왔을 때도 강감찬 장군은 귀주에서 길목을 지키고 있다가 삼면에서 동시에 공격해 거란군을 무찔렀어. 이 전쟁이 그 유명한 귀주대첩이란다.

⑱ 담판 외교 서희

시대 고려 | **출생-사망** 942~998년
업적 고려를 침략한 거란 장군을 찾아가 담판을 통해 전쟁 없이 철수하게 함

땅을 주면 여진을 쫓아 주겠소.

거란 장군 소손녕이 대군을 이끌고 쳐들어왔어.
고려 왕 성종은 깊은 시름에 잠겼단다.
"전쟁을 치른다면 피해가 클 텐데, 어찌하면 좋을꼬?"
이때 지혜롭고 배짱이 두둑한 서희가 앞으로 나섰어.
"제가 거란 장수 소손녕을 만나 담판을 짓고 오겠습니다."
서희는 맨몸으로 거란 진영으로 들어가 말했어.
"거란이 ★강동 6주를 고려에 넘겨주시오. 그러면 거란과 고려 사이를 가로막고 있는 여진을 내쫓고 거란과 사이좋게 지내겠소."
소손녕은 괜찮은 제안이라 여기고 군대를 철수하기로 약속했어.
서희가 전쟁 없이 땅도 얻고 거란군도 물러가게 한 거야.

★**강동** 6주 압록강 동쪽에 있는 흥화, 용주, 통주, 철주, 구주, 곽주를 말함

괜찮군.

19 무단정치 정중부

시대 고려 | **출생-사망** 1106~1179년
업적 무력을 앞세운 무단정치를 시작함

이런 모욕을 당하다니. 두고 보자!

고려의 관리는 글공부를 잘해서 벼슬에 오른 문신과
무술을 잘해서 벼슬에 오른 무신으로 구분돼.
그런데 당시는 문신들이 무신들을 깔보는 일이 많았대.
그러던 어느 날, 젊디젊은 문신이
나이 든 무신 이소응 장군의 뺨을 때리는 일이 발생했어.
"이런 모욕을 당하다니, 더는 참을 수 없다!"
무신 정중부와 부하들이 무기를 들고 일어나
왕과 문신들을 모두 굴복시키고 권력을 거머쥐었어.
무신들의 통치는 100년 동안이나 계속되었고,
사람들은 이것을 무단정치라 불렀단다.

20 화포 발명 최무선

시대 고려 | **출생-사망** 1325~1395년
업적 우리나라 최초로 화약 무기를 발명하여 일본 왜구들을 소탕함

고려 말에는 일본 해적인 왜구들이 해안으로 침략해
우리 백성들을 괴롭히고 약탈하는 일이 많았어.
"나라의 힘이 강해야 백성들을 안전하게 보호할 수 있어."
최무선은 중국에서 화약을 만드는 법을 배워 왔어.
하지만 사람들은 최무선의 생각을 비웃었어.
"화약이 무슨 무기가 되겠어? 불꽃놀이를 할 때나 쓰겠지."
그렇지만 최무선은 연구를 거듭해 화약을 이용한 대포를 만들고,
나라에도 화약 무기를 연구하는 화통도감을 설치했단다.
왜구로부터 우리 백성들을
안전하게 지키게 된 거지.

21~27 일곱 선비 죽림칠현

시대 고려 | **시기** 1170~1270년(고려 무신 정권 시대)
업적 무단정치를 피해 자연에서 친한 문인들과 학문을 닦으며 세월을 보냄

옛날 중국에 자연을 벗 삼아 세월을 보낸 일곱 선비가 있었어.
'대나무 숲의 일곱 선비'라고 하여 죽림칠현이라 불렸지.
고려 말에도 죽림칠현이 있었어. 글 잘 짓기로 유명한
이인로, 오세재, 임춘, 조통, 황보항, 함순, 이담지야.
"무신들이 권력을 쥐고 있으니 어디 숨이라도 쉬겠는가?
우리는 벼슬하지 말고 자연에서 책이나 읽고 시나 짓도록 하세."
마음이 맞은 선비들은 그렇게 모여
자연 속에서 학문을 닦고 많은 글을 지었단다.

28 삼국사기 김부식

시대 고려 | **출생-사망** 1075~1151년
업적 묘청의 난을 진압하고 우리나라 최초의 역사책 《삼국사기》를 펴냄

고려 시대 묘청이라는 승려가 반란을 일으켰어.

"전하, 제가 가서 묘청을 제압하겠습니다."

문신인 김부식은 반란을 진압하는 데 큰 공을 세웠어.

김부식은 역사학자이기도 했어.

왕의 명을 받아 고구려, 백제, 신라의 역사를 기록한 책을 썼지.

"나라가 발전하려면 역사를 잘 알아야 해."

벼슬에서 물러난 김부식은 밤낮없이 책을 쓰는 데 집중했어.

그래서 우리나라 역사책 중 가장 오래된 《삼국사기》를 썼단다.

29, 30 조계종의 지눌, 천태종의 의천

시대 고려 | **출생-사망** 1055~1101년(의천), 1158~1210년(지눌)

업적 고려 시대 승려로 조계종과 천태종을 창시함

고려 시대는 불교문화가 크게 발달했어.
불교의 큰 흐름인 조계종과 천태종도 이때 생겨났어.
"교리보다 참선이 먼저야." "아니야. 참선보다 교리가 중요해."
의천은 사람들이 갈등하자 교리와 참선을 화합시키기로 했지.
100년쯤 후에는 지눌이 조계종을 창시했어.
"참선과 교리, 둘 다 부처님의 가르침이니라."
둘 다 교리와 참선의 조화를 주장하긴 했는데,
무엇을 조금 더 중요하게 여기는지가 달랐지.

31 대마도 정벌 이종무

시대 고려 말~조선 초 | **출생-사망** 1360~1425년
업적 조선 시대에 대마도를 공격해 왜구들을 소탕함

일본 대마도에서 왜구들이 쳐들어와
백성들을 괴롭히자 세종대왕은 깊은 시름에 잠겼어.
"우리 백성이 고통받고 있는데 어찌 가만있겠느냐?"
세종대왕은 이종무 장군을 불러 왜구를 소탕하라 명령했지.
이종무는 배 227척과 1만 7천 명의 병사를 이끌고
대마도로 향했어.
"왜구들은 당장 항복하고 잡아온 포로들을 보내라!"
이종무가 해안에서 쩌렁쩌렁 소리쳤어.
왜구들은 대항했지만 크게 패하고 항복할 수밖에 없었지.

이성계가 고려를 무너뜨리고 조선을 세울 때였어.
충신인 정몽주는 마지막까지 고려를 지키고 싶어 했어.
"고려는 이제 끝났소. 우리와 함께 새 나라를 건국합시다."
이성계의 아들 이방원이 은밀히 제안을 했어.
"일백 번 죽더라도 나는 일편단심이오."
정몽주는 뜻을 꺾지 않고 고려를 선택했어.
"아까운 사람이지만 어쩔 수 없군."
결국 이방원은 부하들을 보내
선죽교에서 정몽주를 죽였단다.

이런들 어떠하며 저런들 어떠하리

33 목화씨 문익점

시대 고려 | **출생-사망** 1329~1398년
업적 중국에서 목화씨를 가져와 우리나라에서 재배하는 데 성공함

옛날 고려 시대 사람들은 베옷으로 옷을 지어 입었어.
바람이 숭숭 통하는 베옷은 여름에는 시원하지만,
겨울에는 너무 추웠어.
중국 원나라에 사신으로 간 문익점은 그곳에서
목화솜으로 만든 면 옷을 보고 깜짝 놀랐어.
"우리나라 사람들도 저런 따뜻한 옷을 입으면 좋겠어."
문익점은 고려로 돌아올 때 목화 씨앗을 몰래 가져왔어.
목화를 성공적으로 재배하기까지는 몇 년이나 걸렸지.
하지만 그 덕분에 사람들은 면으로 옷과 이불을
지어 겨울을 따뜻하게 지낼 수 있었단다.

34 해동공자 최충

시대 고려 | **출생-사망** 984~1068년
업적 교육이 중요하다 여겨 9재 학당을 세우고 인재를 기르는 데 힘씀

최충은 고려 중기를 대표하는 학자이자 재상이었어.
"교육이 제대로 이뤄지지 않으면 나라의 기틀도 흔들리는 법이지."
벼슬에서 물러난 최충은 9재 학당을 세우고 학생들을 가르쳤어.
9재 학당에서는 공자의 가르침인 유교 경전과 역사,
한문학을 가르쳤어.
"과거에 합격하려면 9재 학당에서 배워야 해."
너도나도 9재 학당에 입학하려고 애를 썼지.
사람들은 최충을 '해동공자'라고 불렀어.
'바다 동쪽의 공자'라는 뜻이야.
공자만큼 학문이 깊고 선생으로 큰 업적이 있었기 때문이지.

35 삼국유사 일연

시대 고려 | **출생-사망** 1206~1289년
업적 《삼국유사》를 쓴 고려 최고의 승려

"일연 스님은 온 백성의 스승입니다."
일연은 고려의 국존으로 널리 존경을 받았어.
국존은 고려 최고의 승려 지위란다.
일연은 역사학자이기도 했어. 《삼국유사》라는 역사서를 썼지.
"우리 역사는 고조선 때부터 시작되었으니 자랑할 만해."
《삼국유사》에는 단군이 고조선을 세운 이야기부터
역사, 풍속, 종교, 문학, 예술 등이 자세히 기록되었어.
우리나라 국보로도 전해지고 있단다.

36 황금 욕심 없는 최영 장군

시대 고려 | **출생-사망** 1316~1388년
업적 고려 말 청렴하고 용맹함으로 널리 칭송을 받음

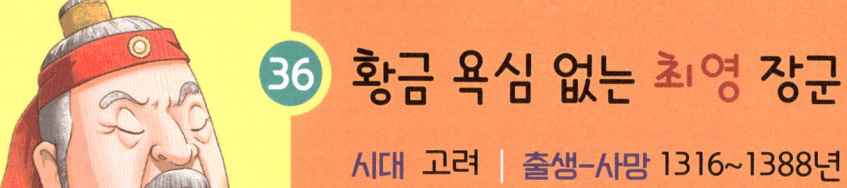

돌 같은 건 필요 없네!

최영 장군은 어렸을 때부터 기골이 장대하고 힘이 셌어.
그래서 문신 가문에 태어났지만, 무술을 익혀 무장이 되었지.
얼마나 용맹했는지 북으로 쳐들어온 홍건적도,
남으로 쳐들어온 왜구도 최영 이름만 듣고도 벌벌 떨었지.
최영 장군이 유명한 이유가 하나 더 있어.
"황금 보기를 돌같이 하라."
최영 장군은 아버지의 이 유언에 따라 평생 재물을 탐내지 않았어.
어때? 용맹하면서도 청렴하기까지 하니,
온 국민의 존경을 받을 만하지?

이야기 속 줄을 따라가 보세요.

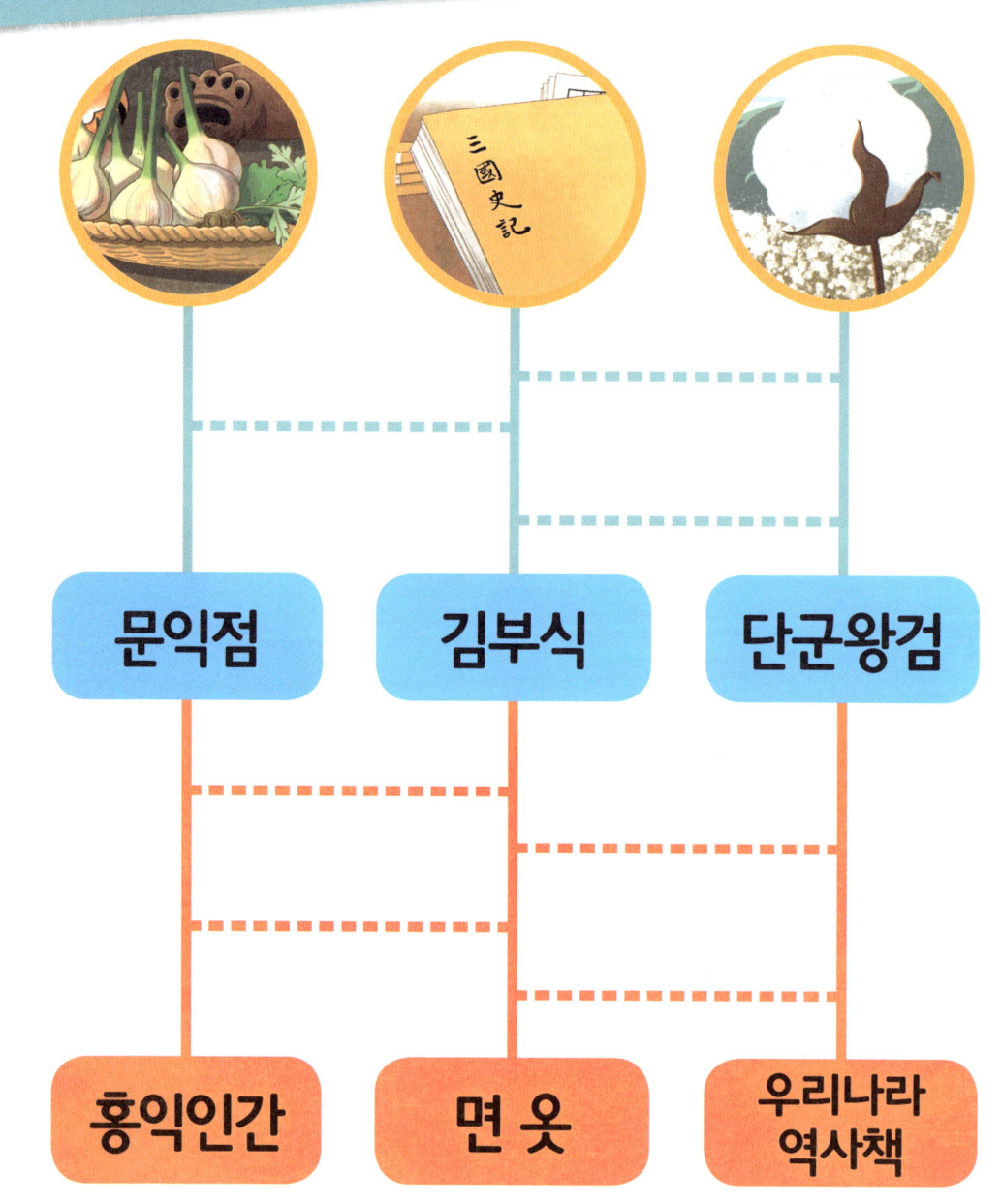

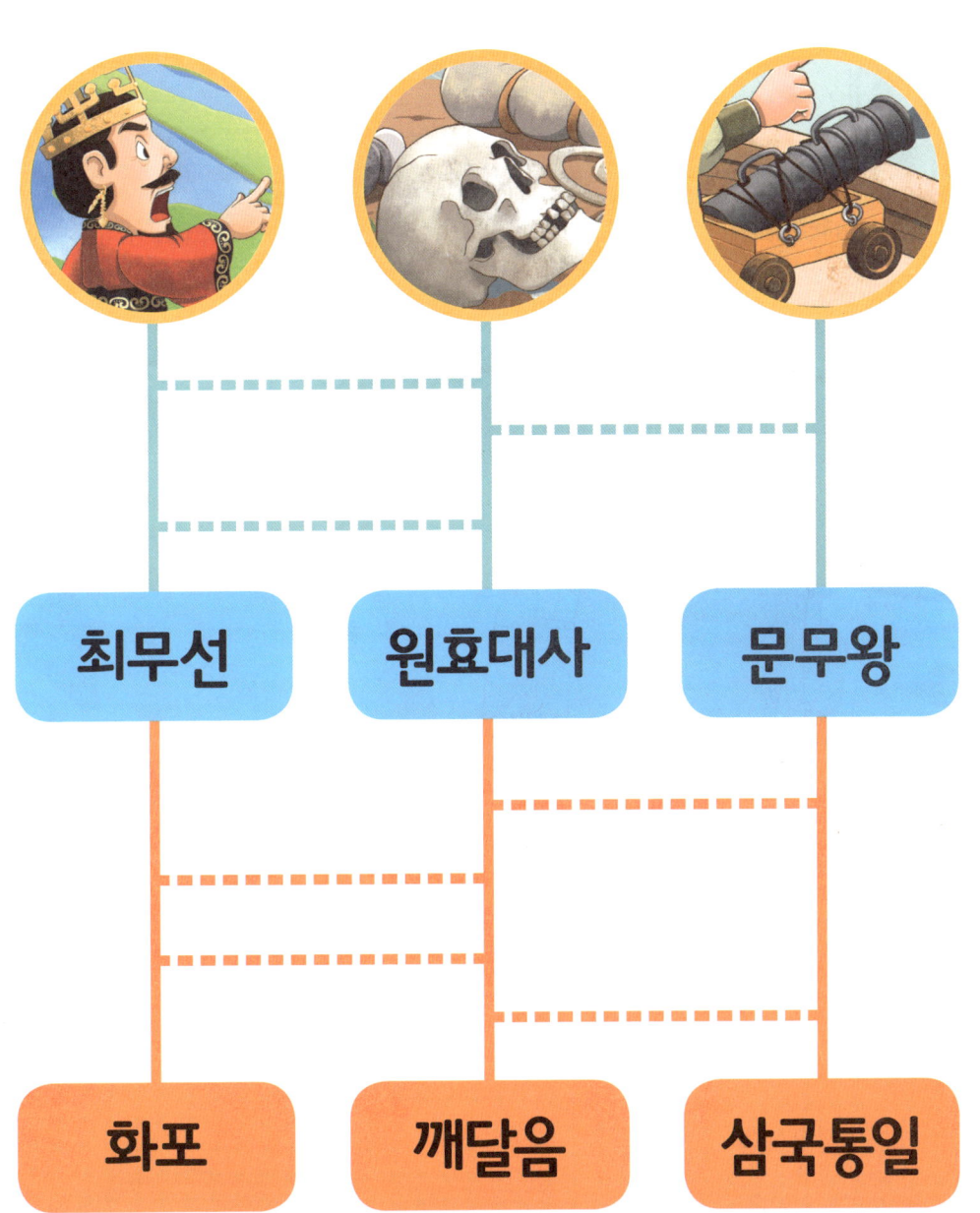

37 온화하고 겸손한 황희 정승

시대 조선 | **출생-사망** 1363~1452년
업적 조선의 최장수 재상으로 성품이 어질고 청렴함

어느 여름날 황희 정승이 들에서 밭을 가는 농부에게 물었어.
"검은 소와 누렁소 중 누가 일을 더 잘합니까?"
농부는 쟁기를 내려놓고 황희에게 달려와 귓속말을 했어.
"누렁소는 고분고분 일을 잘하는데, 검은 소는 꾀가 많아요."
황희 정승은 농부가 왜 귓속말을 하는지 궁금했어.
"말 못 하는 짐승이라도 저를 좋아하고 싫어하는 건 알아요."
그 말에 황희 정승은 크게 깨달았어.
"앞으로는 말과 행동을 조심해야겠구나."
이렇게 온화하고 겸손한 황희 정승은 조선 시대에
최고로 오래 정승을 지냈단다.

38 청백리 맹사성

시대 조선 | **출생-사망** 1360~1438년
업적 조선 시대에 검소하기로 이름 높은 재상

> 재상이 다니는 길이 따로 있단 말이오?

*재상 맹사성이 어느 고을을 지난다는 소식이 들려왔어.
마을 원님은 길을 깨끗하게 닦고 맹사성을 기다렸지.
그때 허름한 옷을 입은 한 노인이 소를 타고 다가왔어.
"이랴, 이랴, 천천히 가자꾸나."
"노인장, 곧 맹사성 재상이 지날 길이니 멀리 돌아가시오!"
포졸들이 길을 막아서며 말했지.
"어허, 재상이 다니는 길이 따로 있단 말이오?"
노인이 호통을 쳤어. 알고 보니 이 노인이 바로 맹사성이었어.
이처럼 맹사성은 평소 검소하게 살아 청백리로 뽑혔단다.
청백리는 재물 욕심내지 않고 성실한 관리에게 주는 상이야.

*재상 임금을 돕고 모든 관원을 감독하는 일을 맡아보던 벼슬

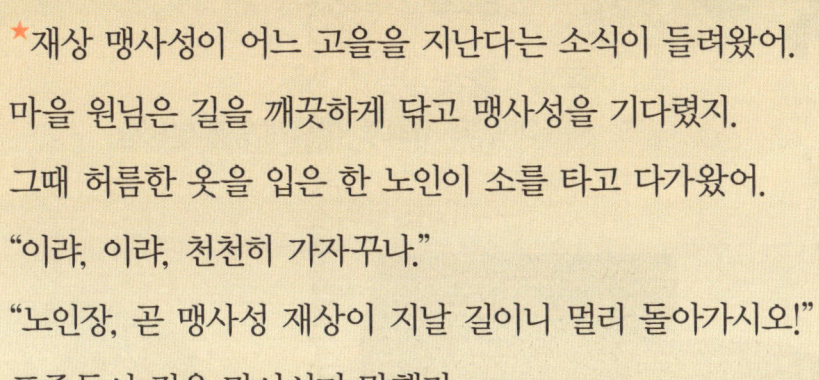

돌아가시오!

39 조선의 발명가 장영실

시대 조선 | **출생-사망** ?~?년
업적 세종대왕 때 자격루, 해시계 등을 발명함

농사를 잘 지을 수 있겠군.

노비로 태어난 장영실은 타고난 재주 덕분에
일찍부터 궁중에서 기술자로 일했어.
세종대왕도 신분 따지지 않고 재주가 뛰어난 장영실을
곁에 두었지.
"백성들이 농사를 잘 지으려면 무엇이 가장 필요하겠느냐?"
세종대왕은 장영실에게 숙제를 내주었어.
성실한 장영실은 밤낮으로 연구를 했어.
그래서 자동으로 시간을 알려 주는 자격루,
해의 그림자를 보고 시간과 절기를 알 수 있는 해시계,
비 오는 양을 측정하는 측우기 등을 만들어 냈단다.

단종 몰아낸 신숙주, 한명회

시대 조선 | **출생-사망** 1417~1475년(신숙주), 1415~1487년(한명회)

업적 단종을 몰아내고 수양대군이 세조로 즉위하는 데 공을 세움

조선의 다섯 번째 왕 문종이 세상을 떠났을 때
아들 단종의 나이는 고작 열한 살이었어.
"열한 살짜리가 이 나라를 위해 무엇을 하겠는가?"
삼촌 수양대군은 단종을 내쫓고 직접 왕위에 오르기로 결심했어.
"나는 수양대군 편에 서겠소."
한명회는 수양대군을 왕으로 만드는 데 가장 큰 공을 세웠어.
신숙주도 세종대왕의 당부를 버리고 수양대군 편에 섰지.
"마음이 저리 변하다니 녹두나물을 이제 숙주나물이라 해야겠네."
사람들은 이때부터 여름철에 잘 상하는
녹두나물을 숙주나물이라 불렀대.

아들을 잘 부탁하네.

42 십만양병 율곡

시대 조선 | **출생-사망** 1536~1584년
업적 외적의 침입에 대비해 십만양병설을 주장함

> 십만 명의 군대를 키워 전쟁에 대비합시다.

신사임당의 셋째 아들 율곡 이이는 어려서부터 신동이었어.
과거 시험에서도 아홉 번이나 일등을 할 정도야.
관직에 나가서는 시대 흐름에 따라 변혁을 해야 한다고 강조했어.
"오래된 집을 유지하려면 기술자를 써서 기둥을 고쳐야 합니다."
"외적의 침입에 대비해 십만 군대를 키워야 합니다."
하지만 십만 명의 군대를 키워야 한다는
율곡의 '십만양병' 주장은 끝내 받아들여지지 않았어.
율곡이 죽고 나서 정말로 ★임진왜란이 일어났어.
이때 사람들은 율곡의 말을 따르지 않은 것을 크게 후회했단다.

★**임진왜란** 조선 선조 25년(1592)에 일본이 침입한 전쟁

43 성리학자 퇴계

시대 조선 | **출생-사망** 1501~1570년
업적 조선 시대에 성리학을 깊이 탐구하고 도산서원을 세워 제자들을 가르침

우주의 이치란? 사람의 마음이란?

*성리학은 크게 우주 만물의 법칙을 주장하는 주리론과 만물의 기운을 주장하는 주기론으로 나뉜단다.
퇴계 이황은 주리론을 깊이 연구한 학자였어.
"우주의 이치는 무엇인가? 사람의 마음이란 무엇인가?"
이황은 이런 이치를 깊이 연구하여 세상의 법칙을 이야기했어.
고향에 도산 서원이라는 학교도 열었어.
"마음이 바른 사람을 길러야 나라도 굳건해지지."
이황의 가르침이 얼마나 뛰어났는지 도산 서원은 학생들로 늘 붐볐어.

★**성리학** 중국 송나라에서 시작한 학문으로 조선 시대 우리나라에도 널리 퍼진 유학의 갈래

44 오죽헌의 신사임당

시대 조선 | **출생-사망** 1504~1551년
업적 율곡 이이의 어머니이며 조선의 대표적인 여성 화가

율곡 이이의 어머니인 신사임당은
조선 시대를 대표하는 여성 화가로도 유명해.
어느 날 신사임당이 이웃집 잔치에 초대받아 갔어.
"어머나, 이걸 어째? 빌려 입고 온 옷인데……."
한 부인이 음식을 나르다 치마에 음식을 쏟고 울상을 지으며 말했어.
"먹과 벼루를 가져다주세요."
신사임당은 부인의 치마에 포도송이를 탐스럽게 그려 주었어.
그림이 그려진 치마가 얼마나 예뻤는지
부인은 장에서 새 치마를 살 만큼
그 치마를 비싸게 주고 팔았단다.

의병 대장 곽재우와 조헌

시대 조선 | **출생-사망** 1552~1617년(곽재우), 1544~1592년(조헌)
업적 임진왜란 당시 의병을 일으켜 왜적과 맞서 싸움

임진왜란 때 나라를 지키기 위해 나선 백성들이 있었어. 바로 의병들이었지. 의병 대장 곽재우도 앞장서서 싸웠어.

"홍의 장군이다! 홍의 장군님이 오셨어."
백성들은 붉은 옷을 입고 앞장서서 싸우는 곽재우에게 환호했어.
홍의 장군이 가는 곳마다 왜병들이 와르르 무너졌거든.
율곡의 제자 조헌도 임진왜란 때 의병을 모아 맞서 싸웠어.
"이놈들, 잘 걸렸다. 한 놈도 살아가지 못할 것이다!"
화끈하고 누구보다 의로운 조헌은 종횡무진 용감히 싸웠지만
안타깝게도 금산 전투에서 목숨을 잃고 말았단다.

홍의 장군이다!

47 진주대첩 김시민

시대 조선 | **출생-사망** 1554~1592년
업적 임진왜란 당시 왜병으로부터 진주성을 굳건히 지킴

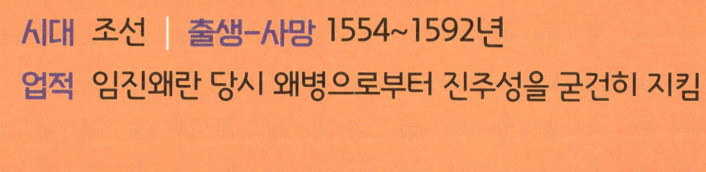

끝까지 싸워라!

임진왜란 때 조선은 제대로 방어를 못 하고 속수무책으로 당했어.
김시민 장군이 지키고 있는 진주성도 *일촉즉발이었지.
"장군, 왜병 2만 명이 몰려오고 있습니다. 진주성의 병사로는
저들을 막을 수 없습니다. 어찌하면 좋겠습니까?"
"고을 백성까지 전부 불러 모아라. 모두 힘을 합친다면
진주성을 지킬 수 있다. 목숨을 걸고 싸우자."
진주성은 네 배나 많은 왜병들에 맞서 싸우면서 7일이나 버텼어.
하지만 전투 막바지에 김시민 장군이 상처를 입고
안타깝게도 세상을 떠나고 말았지.

★**일촉즉발** 조금만 건드려도 곧 폭발할 것 같은 몹시 위급한 상태

48 백전백승 이순신

시대 조선 | **출생-사망** 1545~1598년
업적 거북선을 만들고 일본 수군과 치른 모든 전투를 승리로 이끎

임진왜란 때 우리 바다를 지킨 용감한 장군을 알고 있니?
바로 거북선을 만든 이순신 장군이야.
이순신 장군은 스물세 번 싸워 스물세 번을 이겼어.
"아무리 이순신이라도 배 13척으로 133척을 이길 수 있겠느냐?"
명량 바다에서 일본 수군들은 이렇게 비웃다가 크게 패하고 말았지.
노량 해전에서도 이순신 장군은 일본 수군을 몰아붙였어.
그때였어. '탕!' 총알이 이순신의 가슴으로 날아들었어.
"윽! 나의 죽음을 적에게 알리지 마라!"
자신의 죽음으로 병사들이 흔들리길 바라지 않았던
이순신 장군은 죽는 순간 이 말을 남겼단다.

49~55 새 나라를 연 조선의 임금들 태정태세문단세

시대 조선 | **재위** 1392~1398년(태조), 1398~1400년(정종), 1400~1418년(태종), 1418~1450년(세종), 1450~1452년(문종), 1452~1455년(단종), 1455~1468년(세조)

태조 이성계가 건국한 조선은 1910년 순종을 마지막으로 519년 동안 총 27명의 왕이 이어받았어.

1대 태조
조선 건국

2대 정종
왕자의 난

3대 태종
양전법과 호패법 실시

태조, 정종, 태종, 세종, 문종, 단종, 세조,
예종, 성종, 연산군, 중종, 인종, 명종, 선조,
광해군, 인조, 효종, 현종, 숙종, 경종, 영조,
정조, 순조, 헌종, 철종, 고종, 순종

첫 글만 읽으면 외우기가 쉬워.
태정태세문단세, 일곱 임금은 조선이 처음 세워졌을 때
나라의 기틀을 굳게 다진 임금들이지.

4대 세종
한글 창제

5대 문종
세종 보필

6대 단종
어린 나이에 즉위

7대 세조
경국대전 편찬

56~67 의리 지킨 사육신과 생육신

시대 조선 | **시기** 1456년
업적 수양대군이 왕이 되는 것을 반대하며 끝까지 단종을 따름

수양대군이 단종을 몰아내고 드디어 세조 임금이 되었어.

"하늘의 태양이 둘일 순 없습니다.

이 몸이 죽더라도 임금은 단종뿐입니다."
성삼문, 박팽년, 하위지, 이개, 유성원, 유응부,
여섯 명의 신하는 목숨을 걸고 단종을 따를 것을 맹세했어.
끔찍한 고문을 당하고 목숨을 잃은 여섯 신하를 '사육신'이라고 해.
단종을 따랐지만 살아남은 여섯 명의 신하, '생육신'도 있었어.
김시습, 남효온, 성담수, 원호, 이맹전, 조려는
벼슬에서 물러나 모두 고향으로 내려가 평생을 살았어.
임금에 대한 충심이 정말 대단했지?

68 의로운 여인 논개

시대 조선 | **출생-사망** ?~1593년
업적 임진왜란 때 진주성을 침략한 왜군 장수를 끌어안고 강물에 몸을 던짐

임진왜란 때 김시민 장군에게 패한 일본 왜군이
1년 뒤 또다시 진주성을 쳐들어왔어.
이때 수많은 백성들이 맞서 싸우다 목숨을 잃었지.
"내 한 몸 바쳐 나라를 구할 것이다."
논개는 화려한 단장을 하고 진주 남강 절벽 바위 위에 서 있었어.
"저 아리따운 여인이 누구인가?"
왜군 장수가 논개에게 이끌려 가까이 다가오자
논개는 그 장수의 몸을 끌어안고 남강으로 뛰어내렸어.
그 뒤 사람들은 나라를 위한 의로운 여인을 기리며
이 바위를 '의암'이라 불렀단다.

69 행주대첩 권율

시대 조선 | **출생-사망** 1537~1599년
업적 임진왜란 때 투석전으로 행주산성을 굳게 지켜 냄

임진왜란 때 권율 장군은 행주산성에서 왜군과 싸웠어.

"장군, 무기가 다 떨어졌습니다."

부하가 다급한 목소리로 말했어.

"무기가 없으면 돌을 던져서라도 싸워야지."

권율의 말에 고을 여자들이 행주치마에 돌을 담아 날랐어.

조선군은 정말 필사적으로 싸웠어.

성을 타고 올라오는 왜군에게 돌을 던지고 뜨거운 물을 부었지.

그 덕분에 행주산성에서 왜군을 완전히 격퇴할 수 있었단다.

　　이 전투가 바로 행주대첩이야.

70 동에 번쩍 서에 번쩍 홍길동

시대 조선 | **출생-사망** 1569~1618년(허균)
업적 《홍길동전》에 등장하는 신출귀몰한 도둑으로 신분 차별이 없는 율도국을 세움

《홍길동전》은 조선 시대의 작가 허균이 쓴 이야기야.

"왜 아버지를 아버지라 부를 수 없습니까?"

*서자로 태어난 홍길동은 아버지를 대감마님이라 부르고
똑똑하고 재주가 뛰어났지만 과거 시험도 볼 수 없었어.
"집을 떠나 내 길을 찾아 떠나겠습니다."
홍길동은 집을 나와 활빈당이라는 도적 떼 우두머리가 되었어.
동에 번쩍 서에 번쩍 신출귀몰하게 다니며
못된 관리에게 훔친 물건을 백성들에게 나누어 주었지.
나라에서 잡으려 하자 홍길동은 무리를 이끌고 조선을 떠났어.
그리고 신분 차별 없이 행복한 율도국을 세웠단다.

★서자 양반과 신분이 낮은 양민 여인 사이에서 태어난 아들

71 의적 임꺽정

시대 조선 | **출생-사망** ?~1562년
업적 부패한 관청을 털어 가난한 백성들에게 나누어 준 의적

빼앗긴 것을 되찾아 가자!

임꺽정은 조선 명종 때 황해도에서 이름을 떨친 도적이야.
그런데 사람들은 임꺽정을 '의적'이라고 불렀어.
못된 관리들을 혼내 주고, 부패한 관청을 털어
굶주린 백성들에게 곡식을 나누어 주었거든.
"당장 임꺽정을 잡아 오너라."
나라에서는 어떻게든 임꺽정을 잡고 싶었지만,
본거지를 찾지 못하고 매번 허탕만 쳤단다.
사람들은 임꺽정이 잡히지 않은 걸 더 좋아했어.
임꺽정이 자기들 편이라고 여겼기 때문이지.

조선 시대 한양 사대문

보물 제1호

동대문-흥인지문

조선 시대에 건립한 한양 도성의 동쪽 정문. 서울특별시 종로구 종로 6가에 있고, 보물 정식 명칭은 '서울 흥인지문'입니다.

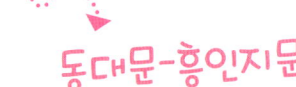
서대문-돈의문

조선 시대에 건립한 한양 도성의 서쪽 정문. 일제 강점기인 1915년에 일제의 도시 계획에 따른 도로 확장을 핑계로 철거되어 지금은 그 흔적조차 찾을 수가 없습니다.

남대문-숭례문

조선 시대에 건립한 한양 도성의 남쪽 정문. 국보 정식 명칭은 '서울 숭례문'입니다.

국보 제1호

북대문-숙정문

조선 시대에 건립한 한양 도성의 북쪽 정문. 원래 이름은 숙청문으로, 도성 북쪽에 있는 대문이라 하여 북대문·북문 등으로도 불렀습니다.
지금의 삼청 공원 뒤에 있습니다.

72~74 꿋꿋한 마음 삼학사

시대 조선 | **시기** 1636~1637년(병자호란)
업적 병자호란 때 청나라에 굴복하지 않은 탓에 청나라에 끌려가 목숨을 잃음

절대 항복은 없다!

청나라군이 조선을 침략한 병자호란 때
인조 임금은 궁을 버리고 남한산성으로 피신할 수밖에 없었어.
"전하, 청나라에 절대 항복하면 안 됩니다."
이때 세 명의 학사인 홍익한, 윤집, 오달제는
청나라와 끝까지 싸우자고 주장했어.
하지만 남한산성이 포위되자 인조는 청나라에 항복하고 말았지.
청나라를 향해 세 번 절하고 아홉 번 머리를 숙이는 수모도 겪었어.
삼학사는 끝까지 대항한 죄로
청나라에 끌려가 목숨을 잃었단다.

75 어사 박문수

시대 조선 | **출생-사망** 1691~1756년
업적 암행어사로 지방을 다니며 못된 관리들을 벌주고 백성을 도움

암행어사 출두요!

조선 시대에는 못된 관리들을 혼내 주기 위해 나라에서 어사를 몰래 파견하곤 했어.
백성들이 억울한 일을 당하지는 않는지 잘 살피게 한 거지.
영조 때 가장 활약한 사람은 어사 박문수야.
머리도 좋고 정의로워 억울한 백성들에게 큰 인기가 있었단다.
"암행어사 출두요!"
큰 소리와 함께 박문수가 한 손에 마패를 들고 대문을 발로 차면 못된 관리들은 벌벌 떨며 마루 밑으로 숨기 바빴지.

떡 장사를 하는 홀어머니 손에 자란 석봉이
스승에게 글을 배우고 3년 만에 집으로 돌아왔을 때야.
"그동안 글이 얼마나 늘었는지 한번 보자.
나는 떡을 썰 테니 너는 붓글씨를 쓰도록 하여라."
어머니가 호롱불을 끄며 석봉에게 말했지.
어두운 방 안에서 석봉은 글씨를 쓰고, 어머니는 떡을 썰었어.
그런데 불을 켜자 어머니가 썬 떡은 가지런했지만,
석봉이 쓴 글씨는 엉망이었어. 석봉은 너무 부끄러웠단다.
어머니의 가르침을 마음 깊이 깨달은 석봉은 더욱 겸손하게 공부했어.
그리고 조선에서 최고로
글씨를 잘 쓰는
명필가가 되었지.

77 풍속화가 단원 김홍도

시대 조선 | **출생-사망** 1745~1806년(?)
업적 조선 시대의 화가로 활달하고 정감 있는 풍속화를 잘 그림

김홍도는 스무 살 전에 궁중 화가가 되었어.

"그림 솜씨가 얼마나 좋은지 임금님 초상화도 그렸대."

사람들은 김홍도를 보면 다들 입을 모아 말했어.

"나리, 단오라 씨름판이 벌어졌다는데, 구경하시겠습니까?"

이 말에 김홍도는 주저하지 않고 시장으로 향했어.

흥겨운 시장 풍경을 그림으로 그리고 싶었거든.

김홍도는 백성들이 사는 모습을 그리는 걸 좋아했어.

씨름하는 사람들, 서당 훈장님과 아이들, 집 짓는 모습 등을 그린 김홍도의 작품들은 우리나라의 보물이란다.

78 방랑 시인 김삿갓

시대 조선 | **출생-사망** 1807~1863년
업적 삿갓을 쓰고 세상을 방랑하던 시인

나는 지금 청산을 찾아가는데 푸른 물아 너는 왜 흘러 오느냐?

김병연은 어릴 적부터 글공부를 잘하고 시를 잘 지었어.
머리도 똑똑해서 과거 시험에서 장원을 할 정도였대.
"어머니, 과거 시험에 뭐가 나온 줄 알아요? 홍경래 난이 일어났을 때 싸우지 않고 항복한 김익순에 대해 쓰라지 뭐예요?
저는 둘도 없는 비겁자라고 썼는데, 제가 글을 제일 잘 썼나 봐요."
김병연이 집에 돌아와 자랑했어. 그런데 어머니가 몹시 슬퍼했어.
일찍 돌아가셔서 몰랐는데 김익순이 김병연의 할아버지였던 거야.
"스스로 조상을 욕보이다니 부끄러워 어찌 하늘을 똑바로 볼까?"
김병연은 그날부터 삿갓을 쓰고 세상을 떠돌았어.
그러면서 시를 많이 썼지.
사람들은 김병연을 '방랑 시인 김삿갓'이라 불렀단다.

79 대동여지도 김정호

시대 조선 | **출생-사망** 1804(추정)~1866년
업적 조선 시대 최고의 지리학자이며, 27년간 전국을 두 발로 다니며 <대동여지도>를 만듦

"조선 제일의 지도를 만들어야지."

"백성들에게도 정확한 지도가 있다면 참 편할 텐데……."
김정호가 지도를 그리기 시작한 건 이 생각 때문이었어.
당시는 나라에서 엄격하게 관리했기 때문에
백성들은 정확한 지도를 볼 수도, 가지고 다닐 수도 없었어.
"지도가 다 엉터리야. 내가 지도를 그려야겠다."
김정호는 평생 동안 전국을 두 발로 다니며 지도를 만들었어.
목판에 새겨서 먹물로 찍으니까 일일이 베낄 필요가 없었지.
또 남북으로 22층을 그리고, 가로로 병풍처럼 접을 수 있게 했어.
산과 강, 마을, 거리 등이 얼마나 자세했는지 몰라.
이 지도가 바로 〈대동여지도〉야.

80 신문고 해결사 영조

시대 조선 | **출생-사망** 1694~1776년
업적 조선의 21대 왕이며, 탕평책을 실시해 인재를 골고루 등용함

영조 임금 때는 신하들이 여러 편으로 나뉘어 힘겨루기가 심했어.
"싸우기만 하는 정치는 조선을 망하게 할 것이다.
음식도 골고루 먹어야 건강하니 사람도 공평하게 뽑아서 쓰겠다."
영조 임금은 인재를 골고루 뽑아 쓰는 탕평책을 펼쳤어.
또 백성들이 억울한 일을 당하지 않도록 신문고를 세우게 했어.
"억울한 일을 당할 때 궁 밖에 있는 신문고를 두드리면
내가 나서서 직접 풀어주겠다."
이렇게 영조 임금은 백성들의 어려움을 돌볼 줄 아는 왕이었어.
그리고 조선 시대에 가장 오랫동안 나라를 다스린 왕이란다.

81 규장각 지은 정조

시대 조선 | **출생-사망** 1752~1800년
업적 조선의 22대 왕으로 정치와 제도를 개혁하고 조선의 문화를 꽃피움

공부는 언제나 즐거워.

정조 임금은 할아버지 영조 임금의 뒤를 이어 왕이 되었어.
아버지 사도세자가 왕이 되지 못하고 일찍 돌아가셨기 때문이야.
"나라가 발전하려면 인재가 많아야 해."
공부를 좋아한 정조 임금은 궁궐 안에 규장각이라는 도서관을 짓고,
정약용 같은 젊은 인재들을 불러 모았단다.
수도를 한양에서 수원으로 옮길 계획도 세웠어.
정약용에게 수원 화성을 짓게 한 것도 그 때문이야.
하지만 갑자기 세상을 떠나 그 꿈은 이루어지지 못했어.
지도력이 뛰어난 정조 임금이
왕위에 있는 동안 조선은
학문과 문화가 크게 발전했단다.

82 목민심서 정약용

시대 조선 | **출생-사망** 1762~1836년
업적 조선 후기 실학자이며 거중기를 발명하고
《목민심서》,《경세유표》 등의 책을 씀

백성들이 덜 고생해야 할 텐데.

정약용은 이것저것 배우는 걸 아주 좋아했어.
똑똑하고 재주가 좋아 정조 임금도 가까이 두고 싶어 했지.
정조 임금은 수원 화성을 짓는 일도 정약용에게 맡겼어.
"시간도 절약하고 백성들도 덜 고생해야 할 텐데……."
정약용은 화성을 지으면서 무거운 물건을 들어 올리는 거중기와 녹로(도르래)를 만들었어. 그 덕분에 화성은 생각했던 것보다 비용도 덜 들고 훨씬 빨리 완공되었단다.
정약용은 책도 500권이 넘게 썼어. 얼마나 부지런했는지 상상이 가니? 그중에서 《목민심서》가 가장 유명해.
고을을 다스리는 목민관들이 어떤 마음을 가져야 하는지 깨우쳐 주는 책이란다.

83 녹두 장군 전봉준

시대 조선 | **출생-사망** 1855~1895년
업적 백성을 괴롭히는 못된 관리들에 맞서기 위해 동학 농민 운동을 일으킴

우리 모두 힘을 모읍시다.

조선 말기에는 못된 관리들이 백성들을 엄청 괴롭혔어.
"사람은 다 평등한데, 언제까지 우리가 참아야 합니까?"
전봉준은 ★동학사상을 주장하며 힘을 모아 싸우자고 했지.
전봉준과 농민들은 관청에 쳐들어가 못된 관리들을 혼내 줬어.
이것이 그 유명한 동학 농민 운동이란다.
나라에서는 깜짝 놀라서 군대를 보내 동학 농민군을 진압했어.
전봉준은 이때 붙잡혀 목숨을 잃었지만,
백성들은 전봉준의 의로운 마음을 오래 기억하고 싶었어.
그래서 키는 녹두 콩처럼 작아도 누구보다 용감했던
전봉준을 '녹두 장군'이라고 불렀단다.

★**동학** 최제우가 세상과 백성을 구제하려는 뜻으로 만든 종교

84 순교자 김대건

시대 조선 | **출생-사망** 1821~1846년
업적 천주교를 전파하다 순교한 우리나라 최초의 천주교 신부

우리나라에 처음 천주교가 전해진 것은 조선 말기야.

하지만 평등사상을 주장하는 천주교를 나라에서는 반기지 않았어.

"천주교는 조선의 전통과 질서를 해치는 사악한 종교다."

천주교를 믿는 사람들을 옥에 가두고 죽이기까지 했어.

김대건의 아버지와 할아버지도 천주교를 믿다 목숨을 잃었지.

믿음이 깊은 김대건은 죽음도 두려워하지 않았어.

"나는 죽더라도 신앙을 포기하지 않을 거야."

김대건은 우리나라 최초의 신부가 되었지만, 천주교를 전파하다 붙잡혀 결국 한강 새남터에서 ★순교하고 말았단다.

★순교 자신이 믿는 종교를 지키려다 죽는 일

85 서화가무 황진이

시대 조선 | **출생-사망** ?~?년
업적 조선 시대의 기생. 뛰어난 미모 예술적 재능으로 널리 이름을 알림

청산리 벽계수야 수이 감을 자랑 마라

"황진이 한번 보려고 전국에서 사람들이 찾아온다잖아."
송도(지금의 개성) 사람들이 쑥덕거렸어.
송도를 떠들썩하게 만든 사람은 기생 황진이였지.
기생은 옛날에 잔치의 흥을 돋우는 사람이었어.
춤, 노래는 기본이고, 글짓기, 그림도 기본이었단다.
글, 그림, 노래와 춤, 이 네 가지를 '서화가무'라고 해.
황진이는 서화가무가 전국에 알려질 정도로 유명했단다.
박연폭포, 서경덕과 함께 송도3절로 불릴 정도였으니까.
송도3절은 송도에서 가장 아름다운 세 가지를 말하는 거야.
황진이가 지은 시는 교과서에도 실려 전해지고 있어.

86 못 살겠다 홍경래

시대 조선 | **출생-사망** 1771~1812년
업적 평안도에서 백성들이 차별받는 것에 분노해 농민들과 함께 반란을 일으킴

더 이상 참을 수 없다!

"평안도 사람이라고 관리로도 뽑아 주지 않고,
백성들은 굶어 죽는데, 평안도 관리들은 제 배만 채우다니!"
홍경래는 평안도 사람들이 큰 차별을 받는 것에 분노했어.
"더 이상 참을 수 없습니다. 조선을 뒤엎어 버립시다!"
홍경래는 농민들을 모아 들고일어났어.
기세가 엄청났지만, 관군의 반격도 만만치 않았어.
"끝까지 포기하지 말고 싸우자!"
홍경래는 정주성에서 마지막까지 싸웠지만
결국 4개월 만에 관군에게 붙잡혀 목숨을 잃고 말았단다.

조선 시대의 5대 궁궐

경복궁(사적 제117호)

조선 시대 궁궐의 중심이 되는 제1의 법궁(왕이 거주하는 궐 중 으뜸 궁)으로 한양으로 수도를 옮긴 후 처음 세운 궁궐입니다.
큰 복을 빈다는 뜻의 '경복'이라는 두 글자를 따서 지었습니다.

창덕궁(사적 제122호)

창덕궁과 후원(정원이나 작은 동산)은 자연과의 조화를 기본으로 하는 한국 문화의 특성을 잘 나타내고 있는 장소로 조선 시대 궁궐 중 유일하게 유네스코에 등재되었습니다.

유네스코 세계유산 등재(1997년)

창경궁 (사적 제123호)

창경궁은 창덕궁과 담장을 사이에 두고 함께 있어서 두 궁궐을 합하여 '동궐'이라 했습니다.
창경궁은 임진왜란 때 모든 전각이 소실되었고, 1616년(광해군 8년)에 재건되었습니다.

덕수궁 (사적 제124호)

조선 시대의 궁궐로서 경운궁으로 불리다가, 고종 황제가 순종 황제에게 왕위를 물려준 후에 계속 머물게 되면서 고종 황제의 장수를 빈다는 뜻의 덕수궁으로 고쳐 부르게 되었습니다.

경희궁 (사적 제271호)

경희궁은 광해군 때 세워진 궁궐로 숙종이 태어나고 승하한 곳으로 유명하기도 합니다.
순조 때 큰 화재로 인해 주요 건물의 절반 정도가 소실되었고, 이후 일제 강점기에 일본인들이 사용하면서 대부분 건물들이 옮겨지거나 철거되었습니다.

87 삼일천하 갑신정변 김옥균

시대 조선 | **출생-사망** 1851~1894년
업적 새로운 문물을 받아들이자고 주장한 개화파로 갑신정변을 일으킴

새롭게 바꿉시다!

조선 시대 말, 우리나라는 큰 변화의 물결을 탔어.
"언제까지 청나라만 의지할 것이오? 신분제, 과거제 같은
제도를 다 없애고 조선을 새롭게 바꾸어야 합니다!"
그중 김옥균, 박영효, 서광범 같은 급진 개화파는
우정국(우체국)이 문을 여는 날 일본의 도움을 받아
명성황후의 친척을 죽이고 궁궐로 쳐들어갔어.
이 사건이 1884년 갑신년에 일어난 갑신정변이야.
다급해진 명성황후는 청나라에 도움을 요청했어.
3일 후, 청나라군이 들이닥치자 일본군은 모두 도망가 버리고,
개화파는 힘없이 항복할 수밖에 없었단다.

88, 89 애국자 안중근, 매국노 이완용

시대 조선 말~일제 강점기
출생-사망 1879~1910년(안중근), 1858~1926년(이완용)
업적 안중근 - 일제 강점기 독립운동가로 하얼빈에서 이토 히로부미를 저격함
이완용 - 조선 말기 을사늑약을 찬성해 나라를 일본에 팔아넘김

일제 강점기는 일본이 우리나라를 점령한 1910년부터
1945년까지야. 이때는 독립을 위해 싸운 훌륭한 사람도 많았지만,
자신의 이익을 위해 일본에 나라를 팔아먹은 매국노도 많았어.
"조선의 평화를 빼앗은 이토 히로부미를 처단해야겠다!"
안중근은 이토 히로부미를 하얼빈에서 총으로 쏘아 죽였어.
이토 히로부미는 우리나라 침략을 주도한 인물이었거든.
한편 이완용은 이토 히로부미에게 매수되어 을사늑약에 찬성하고
일본에 나라를 팔아넘긴 매국노였어.
"매국노 이완용, 하늘을 올려다보기 부끄럽지 않느냐?"
당시 많은 사람들이 이완용을 욕하고 그 집에 불까지 낼 정도였지.

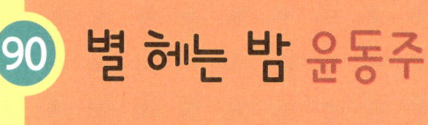

90 별 헤는 밤 윤동주

시대 일제 강점기 | **출생-사망** 1917~1945년
업적 일제 강점기에 나라를 빼앗긴 슬픔을 아름다운 시로 써서 남김

> 하늘을 우러러 한 점 부끄럼 없기를….

일제 강점기 나라를 잃은 슬픔과 분노를 글로 쓴
사람들이 많았어.
그중 윤동주는 아름다운 시로 나라 잃은 청년의 슬픔을
잘 표현했지.
"죽는 날까지 하늘을 우러러 한 점 부끄럼이 없기를……."
윤동주의 대표 작품인 〈서시〉의 앞부분이란다.
"별 하나에 추억과 별 하나에 사랑과 별 하나에 쓸쓸함과……."
이렇게 시작하는 〈별 헤는 밤〉도 윤동주의 아름다운 시야.
윤동주는 일본 유학 중 항일운동 혐의로 일본 경찰에 체포되었어.
후쿠오카 형무소에서 2년을 지내며 온갖 고문을 받았는데,
광복을 보지 못하고 스물여덟이라는
젊은 나이에 세상을 떠났단다.

91 종두법 지석영

시대 조선 말~일제 강점기 | **출생-사망** 1855~1935년
업적 전염병인 천연두를 예방할 수 있는 종두법을 시행해 많은 사람들의 목숨을 건짐

아앙!

옛날에는 치료약이 없는 전염병이 참 많았어.

온몸에 열이 나고 붉은 발진이 생기는 천연두는 특히 무서웠어.

한의학을 공부한 지석영은 어느 날 크게 상심했어.

어린 조카가 천연두에 걸려 죽었거든.

"분명 치료법이 있을 거야. 기필코 찾아 어린 생명들을 구해야 해."

지석영은 부지런히 약을 찾아다녔어.

그리고 일본에 직접 가서 ★종두법을 배워 왔지.

종두법으로 천연두가 예방되자 사람들은 크게 안심했어.

공포의 대상이었던 천연두를 완전히 물리치게 된 거지.

★종두법 천연두를 예방하기 위하여 소에게서 얻은 백신을 인체의 피부에 접종하는 방법

92 민족 대표 33인 손병희

시대 조선 말~일제 강점기 | **출생-사망** 1861~1922년
업적 민족 대표 33인과 독립선언서를 낭독하여 3·1운동을 일으키는 데 앞장섬

"우리는 오늘 조선이 독립한 나라이며,
조선인이 이 나라의 주인임을 선언한다……."
1919년 3월 1일 종로의 태화관 안은 긴장감이 맴돌았어.
손병희를 중심으로 민족 대표 33인이 독립선언서를
낭독하는 순간이었거든.
"대한 독립 만세!" 독립 선언을 마친 뒤에는 만세를 외쳤어.
탑골 공원에 모인 사람들도 일제히 "대한 독립 만세!"를 외쳤어.
그러자 전국 방방곡곡에서 많은 사람들이 거리로 나와
목이 터져라 만세를 외치며 행진하기 시작했지. 일본군은 총칼을
겨누고 막아섰지만 우리 민족의 뜨거운 심장을 막지는 못했어.

93 삼일 만세 운동 유관순

시대 일제 강점기 | **출생-사망** 1902~1920년
업적 천안에서 3·1 운동을 이끌다 잡혀 열여덟 살에 감옥에서 목숨을 잃음

대한 독립 만세!

독립에 대한 뜨거운 열정은 나이에 상관없었어.
유관순도 열일곱 살밖에 안 된 여학생이었지만
두려워하지 않고 3·1 운동에 가장 앞장섰지. 고향 천안에 내려가
사람들에게 장터에서 만세 운동을 하자 설득했어.
"대한 독립 만세!" 3월 1일 아우내 장터에서 큰 함성이 터졌어.
많은 사람들이 일본군의 총칼에 목숨을 잃었어.
유관순도 붙잡혀 감옥에 갇혔고, 끔찍한 고문을 받았지만
죽는 그 순간까지 항복하지 않고 나라의 독립을 외쳤단다.

94 도산 안창호

시대 조선 말~일제 강점기 | **출생-사망** 1878~1938년
업적 독립운동가로 활동하였으며 학교를 세워 많은 인재를 길러 냄

> 진정한 애국심은 그 말보다 실천에 있음을 알아야 합니다.

"독립을 하려면 우리 스스로 힘과 실력을 키워야 해!"
안창호는 자주독립을 강조하고 또 강조했어.
"샌프란시스코에 가서 새로운 것들을 더 배워 오자."
샌프란시스코에서 공부하던 안창호는 을사늑약으로 조국이
일본에 넘어갔다는 소식을 듣자 부랴부랴 돌아왔어.
그리고 항일 비밀 결사단을 만들고, 평양에 대성학교를 세운 뒤
민족 지도자를 기르는 데 온 힘을 다했어.

95 어린이날 방정환

시대 일제 강점기 | **출생-사망** 1899~1931년
업적 <어린이> 잡지를 펴내고 어린이날을 만듦

대한민국 어린이라면 모두 애타게 기다리는 날은
5월 5일 어린이날이겠지? 이날을 만든 사람이 방정환이야.
힘든 어린 시절을 보낸 방정환은 아이들이 행복하게 웃길 바랐어.
아이들이 좋아하는 동요 모음집도 내고,
깔깔 웃을 수 있는 재미있는 동화도 써서 잡지에 실었어.
"어린이들이 주인공인 날을 만들자."
방정환은 어린이날을 처음 만들고, 신나는 축제도 열었지.
"어린이들을 두고 가니 잘 부탁하오."
방정환의 마지막 유언이야. 마지막 죽는 순간까지
얼마나 어린이들을 사랑했는지 느껴지지?

96, 97 돈이냐 사랑이냐 이수일과 심순애

시대 일제 강점기 | **시기** 1913년(발표)
업적 소설 《장한몽》에 나오는 주인공들인데,
〈이수일과 심순애〉라는 연극으로도 상연됨

다이아 반지가 그렇게 탐이 나더냐?

"아, 돈이냐, 사랑이냐, 그것이 문제로다!"
연극 〈이수일과 심순애〉에 나오는 명대사야.
이수일과 심순애는 원래 일본 소설 《장한몽》에 나오는
주인공들이란다.
우리나라에도 소설이 번역이 되었고, 연극으로도 큰 인기를 끌었어.
이수일과 심순애는 서로 사랑하는 사이였지만,
심순애는 이수일을 버리고 돈 많은 김중배와 결혼했어.
"김중배의 다이아 반지가 그렇게도 탐이 나더냐?"
심순애를 향한 이수일의 이 말도 명대사야.
사랑을 버리고 돈을 선택한 심순애는 행복하지 못했어.
어떤 사람들은 이 이야기를 나라에 대한 사랑을 버리고,
일본에 홀랑 넘어간 사람들을 빗대기도 했대.

98 장군의 아들 김두한

시대 일제 강점기~대한민국 | **출생-사망** 1918~1972년
업적 김좌진 장군의 아들로 싸움을 잘해 이름을 떨쳤으며 국회의원으로도 활동함

내가 종로의 김두한이다!

"이봐, 이봐, 우미관 앞에서 싸움이 났대!"

사람들이 종로 우미관 앞으로 달려갔어.

일본 깡패 하야시와 김두한이 우미관 앞에서 붙었거든.

젊은 시절 김두한은 종로를 주름잡은 주먹왕이었어.

"왜 남의 집에 와서 행패야?"

김두한이 쩌렁쩌렁 소리를 질렀어. 일제 강점기 김두한은 조선인을 괴롭히는 일본인들을 보면 분을 참지 못하고 혼을 내주었단다.

사람들 마음에 쌓인 울분을 씻어 주어 꽤 인기가 있었어.

김두한을 주인공으로 한 〈장군의 아들〉이란 영화도 있을 정도야.

99 천재 시인 이상

시대 일제 강점기 | **출생-사망** 1910~1937년
업적 시인이자 소설가로 많은 작품을 남겼지만, 결핵으로 일찍 세상을 떠남

이상은 일제 강점기 건축과를 일등으로 졸업하고,
총독부의 건축사로 일했어. 원래 이름은 김해경이야.
그런데 진짜 관심은 다른 데 있었어. 글 쓰는 걸 엄청 좋아했지.
"날개야 다시 돋아라. 날자 날자 날자 한 번만 날자꾸나."
이상의 소설 《날개》에 등장하는 말이야.
"대단히 실험적이고 창의적이야."
"나는 무슨 말인지 못 알아듣겠어."
시대를 앞서간 이상을 천재 시인이라며 좋아하는 사람도 있었지만
그의 실험적인 스타일을 이해하지 못하는 사람도 많았어.
이상이 폐결핵으로 일찍 죽지 않았다면 우리나라의 문학에
더 엄청난 업적을 남겼을 텐데 아쉬워.

100 황소 그림 이중섭

시대 일제 강점기~대한민국 | **출생-사망** 1916~1956년
업적 <황소>를 그린 우리나라의 대표 화가로 전통적인 정서가 담긴 그림들을 남김

난 소가 좋던데

"커다란 눈을 들여다보고 있으면 그냥 행복해."
이중섭은 어릴 적부터 소를 그리는 것을 좋아했어.
어려운 형편이지만 유학을 다녀온 것도
좋아하는 그림을 더 잘 그리기 위해서였지.
하지만 너무 가난해서 그림을 그리는 일이 힘들었어.
사랑하는 아내와 아이들까지 외가로 보내야 했단다.
종이 살 돈이 없어 담뱃갑에 들어 있는 은박지에도 그렸어.
"아내와 아이들을 너무 보고 싶구나."
이중섭의 그림에는 외로움과 그리움이 가득 담겼어.
당시에는 인정을 받지 못했지만,
지금은 그림이 교과서에도 실려 있단다.

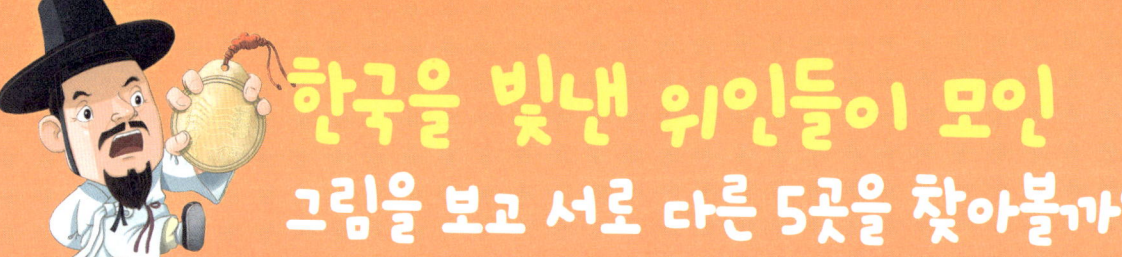

우리나라를 빛낸 위인들이 모두 모였어요.
왼쪽과 오른쪽 그림이 정말 똑같아 보이죠? 다른 곳을 찾아보고 동그라미 하세요.

가로 세로 낱말 퍼즐

역사 속 인물 알아맞히기 001

가로열쇠

1. 외적의 침입에 대비해 군사력을 키워야 한다는 십만양병설을 주장. 오천 원짜리 지폐 인물.
2. 율곡 이이의 어머니로 유명하며 조선의 대표적 여성 화가.
4. 목민심서. 조선 후기의 실학자로 거중기 발명
6. 백제 장수. 황산벌 전투.

세로열쇠

1. 거북선. 백 원짜리 동전 인물.
3. 백성들이 힘든 시기에 나타난 의로운 의적.
5. 조선을 세운 첫 번째 왕 이름. '함흥차사'.

역사 속 인물 알아맞히기 002

가로열쇠

1. 조선 시대 7대 왕. 경국대전 편찬. 태정태세문단?
2. 삼국 시대. 고구려의 19대 왕으로 땅따먹기 대장.
4. 3·1 운동 때 순국한 대표적 여성 열사.
6. 조선 시대의 21대 왕으로 신하들의 편 가르기를 막는 탕평책을 실시함.

세로열쇠

1. 조선 시대에 한글을 만든 왕. 만 원짜리 지폐 인물.
3. 진주성을 침략한 일본군 장수를 끌어안고 남강에 투신한 의로운 여인.
5. 황산벌 전투에서 신라의 화랑으로 목숨을 바쳐 승리로 이끎.
7. 조선 시대의 22대 왕으로 규장각을 설치, 인재 육성에 힘씀.

그림 퍼즐
어떤 조각으로 그림을 완성할 수 있을까요?

A

B

C

D

E

정답

p76~77

- 단군왕검 — 홍익인간
- 김부식 — 우리나라 역사책
- 문익점 — 면 옷
- 문무왕 — 삼국통일
- 원효대사 — 깨달음
- 최무선 — 화포

p164~165

p168~169

C   E

p166~167

	이	율	곡	
	순			
	신	사	임	당
이			꺽	
성		정	약	용
계	백			

		세	조		
	논		종		
광	개	토	대	왕	
			왕		
유	관	순		정
	창		영	조

한국을 빛낸 100명의 위인들
노래 가사

1

아름다운 이 땅에 금수강산에
단군 할아버지가 터 잡으시고
홍익인간 뜻으로 나라 세우니
대대손손 훌륭한 인물도 많아
고구려 세운 동명왕 백제 온조왕
알에서 나온 혁거세
만주벌판 달려라 광개토대왕
신라 장군 이사부
백결 선생 떡방아 삼천궁녀 의자왕
황산벌의 계백 맞서 싸운 관창
역사는 흐른다

2

말 목 자른 김유신 통일 문무왕
원효대사 해골 물 혜초 천축국
바다의 왕자 장보고 발해 대조영
귀주대첩 강감찬 서희 거란족
무단 정치 정중부 화포 최무선
죽림칠현 김부식
지눌국사 조계종 의천 천태종
대마도 정벌 이종무
일편단심 정몽주 목화씨는 문익점
해동공자 최충 삼국유사 일연
역사는 흐른다

3

황금을 보기를 돌같이 하라
최영 장군의 말씀 받들자
황희 정승 맹사성 과학 장영실
신숙주와 한명회 역사는 안다
십만양병 이율곡 주리 이퇴계
신사임당 오죽헌
잘 싸운다 곽재우 조헌 김시민
나라 구한 이순신
태정태세문단세 사육신과 생육신
몸 바쳐서 논개 행주치마 권율
역사는 흐른다

4

번쩍번쩍 홍길동 의적 임꺽정
대쪽같은 삼학사 어사 박문수
삼 년 공부 한석봉 단원 풍속도
방랑 시인 김삿갓 지도 김정호
영조 대왕 신문고 정조 규장각
목민심서 정약용
녹두 장군 전봉준 순교 김대건
서화가무 황진이
못살겠다 홍경래 삼일천하 김옥균
안중근은 애국 이완용은 매국
역사는 흐른다

5

별 헤는 밤 윤동주 종두 지석영
삼십삼인 손병희
만세 만세 유관순 도산 안창호
어린이날 방정환
이수일과 심순애 장군의 아들 김두한
날자꾸나 이상 황소 그림 중섭
역사는 흐른다